BEI GRIN MACHT SICH IHR WISSEN BEZAHLT

- Wir veröffentlichen Ihre Hausarbeit,
  Bachelor- und Masterarbeit

- Ihr eigenes eBook und Buch -
  weltweit in allen wichtigen Shops

- Verdienen Sie an jedem Verkauf

Jetzt bei www.GRIN.com hochladen
und kostenlos publizieren

Michaela Sankowsky

Staatstätigkeit in der Globalisierung

GRIN Verlag

Bibliografische Information der Deutschen Nationalbibliothek:

Die Deutsche Bibliothek verzeichnet diese Publikation in der Deutschen National-
bibliografie; detaillierte bibliografische Daten sind im Internet über http://dnb.d-
nb.de/ abrufbar.

Impressum:

Copyright © 2013 GRIN Verlag GmbH
Druck und Bindung: Books on Demand GmbH, Norderstedt Germany
ISBN: 978-3-656-72730-9

Dieses Buch bei GRIN:

http://www.grin.com/de/e-book/279190/staatstaetigkeit-in-der-globalisierung

GRIN - Your knowledge has value

Der GRIN Verlag publiziert seit 1998 wissenschaftliche Arbeiten von Studenten, Hochschullehrern und anderen Akademikern als eBook und gedrucktes Buch. Die Verlagswebsite www.grin.com ist die ideale Plattform zur Veröffentlichung von Hausarbeiten, Abschlussarbeiten, wissenschaftlichen Aufsätzen, Dissertationen und Fachbüchern.

Besuchen Sie uns im Internet:

http://www.grin.com/

http://www.facebook.com/grincom

http://www.twitter.com/grin_com

Staatstätigkeit in der Globalisierung
Staatstätigkeit verändert sich durch Globalisierung:
- Öffnung vormals nationaler Regelungskontexte bleibt nicht ohne Auswirkungen auf strukturellen Handlungsgrundlagen (Institutionen, finanzielle Ressourcen) des Staates und seiner Teilsysteme
- Handlungsmuster und Prozesse staatlicher Tätigkeit verändern sich → Externe, nichtnationale Akteure werden als Kooperationspartner bedeutender, aber auch veränderte Handlungsstrategien der nicht-staatlichen Akteure im nationalen Kontext, die ihrerseits auf Internationalisierungs- oder Transnationalisierungsprozesse reagieren
- Durch Globalisierung werden Spielräume, die sich der staatlichen Einflussnahme zu entziehen, für nicht-staatliche Akteure insgesamt größer → Hierarchische Regelungsmechanismen greifen ins Leere; werden z.t. ersetzt durch andere Governance-Formen wie Kooperation oder das Setzen von staatlichen Rahmenregelungen für eine freiwillige Regulierung („Schatten der Hierarchie")
- Ergeben sich veränderte inhaltliche Anforderungen an Staatstätigkeit (grenzüberschreitende Problemen, die nur kooperativ bearbeitet werden können, interne neue Herausforderungen)

Stefan A. Schirm: Stand und Perspektiven der Globalisierungsforschung
- Definition Globalisierung: Integration von Märkten, grenzüberschreitende Verdichtung ökonomischer Räume, Entgrenzung wirtschaftlicher Prozesse
- Ökonomische Globalisierung: Zunehmender Anteil grenzüberschreitender privatwirtschaftlicher Aktivitäten an der gesamten Wirtschaftsleistung von Ländern → Empirisch messbar
- Entwicklung weltweit: Anteil grenzüberschreitender Interaktionen an der gesamten Wirtschaftsleistung hat zugenommen, aber nach wie vor verläuft größter Teil des Wirtschaftsgeschehens auf nationaler Ebene → Globalisierung findet nur zwischen OECD-Ländern statt, Entwicklungsländer sind davon so gut wie nicht betroffen (negativ)
- Globalisierung wurde hauptsächlich durch politische Entscheidungen seit 70er Jahren beschleunigt (Liberalisierung des Welthandels, Öffnung nationaler Finanzplätze, De-Regulierung von Märkten) → Globalisierung war beabsichtigte Entwicklung der Industrieländer um nationales und weltwirtschaftliches Wachstum zu fördern
- Globalisierung ist Folge demokratisch legitimierter Regierungen auf nationaler Ebene
- Zwei Ansätze bei Auswirkungen von Globalisierung:
  - o Staat wird durch Globalisierung geschwächt, weil sein Handlungsspielraum territorial begrenzt ist → Akteure der Globalisierung können sich dem Zugriff des Staates leichter entziehen
  - o Staat ist nach wie vor politisch gestaltungsfähig, gerät zwar durch Globalisierung unter Druck, aber Globalisierung macht auch staatliches Engagement für gesellschaftlichen Wandel wichtig und für Stärkung der nationalen Institutionen
- Globalisierung ändert zunächst nur Rahmenbedingungen für staatliches Handeln → Mehr Wettbewerb um Standortvorteile und Absatzmärkte sowohl unter Staaten als auch unter Unternehmen
- Länder, die stark weltmarktorientiert sind, sind auch wohlhabend (Industrieländer) → Länder mit wenig Wachstum und Wohlstand sind Entwicklungsländer
- Konvergenz-These: Um Wettbewerbsanreize des Weltmarkts zu nutzen, führen Staaten marktliberale Reformen durch und gleichen so ihre Wirtschaftspolitik einander an
- Divergenz-These: Grund für große Unterschiede in Wirtschafts- und Sozialpolitik ist unterschiedliche Prägung der Gesellschaft → Unterschiedliche sozioökonomische Institutionen und Normen

Schwächung des Staates?
- These: Unter starkem Wettbewerbsdruck muss Staat seine Leistungen im Wohlfahrtssystem verringern und Sozial- und Umweltstandards abbauen (Race tot he bottom)

- Stimmt nicht, weil gerade die Staaten mit hoher Weltmarktorientierung auch hohe Steuern und ausgebauten Wohlfahrtsstaat haben (Dänemark, Schweden)
- Internationale Märkte reagieren eher negativ auf Haushaltsdefizite, weil diese inflationsfördernd wirken können
- Aber weder Konvergenz von Wohlfahrtsstaaten nach unten ist zu beobachten noch bestehen nationale Unterschiede weiter fort → Globalisierung zeigt schon Auswirkungen, aber nicht auf wohlfahrtsstaatlichen Abbau
- Entscheidend für Wettbewerbsvorteil ist Qualität der staatlichen Leistungen (Besserer Staat)
- Damit sich Land dem Wettbewerb stellen kann, muss es Strukturwandel vollziehen, deren Anpassungskosten politisch abgefedert sind und somit auch für Verlierer des Wandels akzeptabel wird
- Durch mehr Außenhandel kam es auch nicht zu Abbau von Standards, wurden sogar eher verschärft
- Ergebnis: Staat wird in grundlegenden Aufgaben (Sicherung des gesamtwirtschaftlichen Wohlstands) nicht unbedingt durch Globalisierung geschwächt → Kann durch Nutzung der Wachstumsdynamik seine Verantwortung möglicherweise sogar besser wahrnehmen
- Herausforderung: Widerstand der Gruppen überwinden, die an Aufrechterhaltung des Status Quo interessiert sind
- Globalisierung löst zum Teil klassischen Widerspruch zwischen Kapitalgebern und Arbeitnehmern auf, da beide Seiten zunehmend gleiche Interessen haben → Erhaltung der Wettbewerbsfähigkeit auf dem Weltmarkt
- Empirisch zeigt sich, dass Handelsliberalisierung meist gesamtwirtschaftlich positiv wirkt, da über Wettbewerb, Mobilität, Arbeitsteilung und Innovation ein effizienter Einsatz von Ressourcen ermöglicht wird, der Produktion dort erlaubt, wo es am günstigsten ist
- Auch politische Stabilität, gute Bildungssysteme, funktionierende Rechtsprechung und staatliche Aufsicht über Wettbewerbsbedingungen gewinnen an Relevanz → Fehlen geeigneter Institutionen kann also dazu führen, dass Staaten nicht von Liberalisierung profitieren

Global Economic Governance
- Forschung beschäftigt sich mit Möglichkeiten der Steuerung wirtschaftlicher Integration
- Untersuchung der Rolle internationaler Wirtschaftsorganisationen, Einflusses der Privatwirtschaft und von NGOs und Relevanz von Public-private-partnerships als neue Regulierungsformen
- Für Prävention und besseres Management von Wirtschaftskrisen und Konflikten sind Austausch über unterschiedliche nationale Vorstellungen zur Rolle des Staates in der Ökonomie (arguing) und wirkungsvolle Mechanismen zum Ausgleich divergierender materieller Interessen (bargaining) wichtig
- Regionale Wirtschaftsintegration spielt für Globalisierungsforschung auch große Rolle: Liberalisierungsprozesse und Steuerungsmöglichkeiten in kleinem, aber politisch und ökonomisch intensiven Maß
- Regionale Kooperationen (europäischer Binnenmarkt) fördern ökonomische Effizienz und politische Akzeptanz von nationalen Wirtschaftsreformen → wichtig für Liberalisierung
- PPPs könnten Dilemma der fehlenden demokratischen Legitimation auflösen → Global Compact der UN
- Ergebnis der Forschung: Nachdem in 90er Jahren These von Schwächung des Staates aktuell war, kommen heutige Studien eher zu Ergebnis, dass nationale Politik und Institutionen weiterhin über Autonomie und Gestaltungsfähigkeit verfügen → Rahmenbedingungen haben sich geändert, Staaten sind aber weiterhin in der Lage, auf weltwirtschaft zu reagieren, wenn auch zunehmend in Kooperation mit anderen Staaten und nichtstaatlichen Akteuren

Philip Cerny: Restructing the political area: Globalization and the paradoxes of the competition state
- Transformation des Nationalstaats in einen Wettbewerbsstaat
- Politische und wirtschaftliche Akteure müssen beide anstreben, die politischen Strukturen auf einen globalen Kontext zu erweitern
- Drei Paradoxe:
  - o Die Transformation zu einem Wettbewerbsstaat erfordert eigentlich eine Ausweitung des Staats in Form von Regulierung von Wettbewerb und Markt
  - o Staat und Institutionen fördern selber Globalisierung um damit effektiver zu werden
  - o Globalisierung strapaziert das Gemeinschaftsgefühl und damit die Legitimationsbasis von nationalen Institutionen
- Globalisierung als politischer Effekt: Nationalstaaten verlieren Handlungsspielräume zu Gunsten transnationaler Entscheidungsprozesse zwischen Staaten (und nicht mehr innerhalb von Staaten)
- Bisher war Nationalstaat (und sein Territorium) die Bezugsgröße für alle Arten von Politik
- Durch Globalisierung entstehen auch undemokratische Elemente (zB auf Weltmärkten, durch Macht privater Interessenorganisationen)
- Krise des Wohlfahrtsstaats liegt in Unvermögen, nationale Wirtschaft von globaler Wirtschaft zu isolieren → Kombination aus Inflation und Stagnation wenn sie es trotzdem versuchen
- Transnationale Entwicklungen haben vier Typen politischen Wandels erzeugt:
  - o Wechsel von makroökonomischer zu mikroökonomischer Intervention
  - o Fokus auf strategische oder grundlegende Interventionen
  - o Schwerpunkt auf Inflationsbekämpfung und Monetarismus
  - o Wechsel zur Förderung von Innovation und Effizienz im privaten und staatlichen Sektor
- Generelle These: Staat soll sich so wenig wie möglich in Marktwirtschaft einmischen → Markt funktioniert auf natürliche Weise, Einmischung des Staates erzeugt nur zusätzliche Kosten
- Wohlfahrtsstaat basiert auf einem Paradox: Er soll die Verlierer des Markts auffangen aber besitzt selbst die Möglichkeit, das Marktsystem an sich zu untergraben
- Wohlfahrtsstaat muss sich gegen vier Beschränkungen behaupten:
  - o Haushaltsdefizit von vorangehenden Regierungen
  - o Nationale Wirtschaft heizt Inflation an
  - o Staat muss Ineffizienz der Wirtschaft ausgleichen
  - o Negative Auswirkung auf Außenhandel und Währungskurs
- Ergebnis: Liberalisierung, De-Regulierung und Privatisierung haben nicht den Handlungsspielraum des Staates begrenzt, sondern haben nur Schwerpunkt auf Erhöhung der Effizienz der bisherigen Strukturen gelegt
- Aufgrund der neuen Herausforderungen kann der Staat nicht mehr nur Aufgaben in private Sektoren verlagern → Er wird selber zum privatwirtschaftlichen Akteur (Kapitalgeber, Vermittlungsmann, Anwalt, Unternehmer)
- Nationalstaat ist nicht abgeschafft, seine Rolle hat sich nur geändert: Bürger müssen immer mehr auf bisherige wohlfahrtsstaatliche Leistungen verzichten
- Schwerpunkt des Wettbewerbsstaats ist die Förderung von Wirtschaftswachstum, im Nationalstaat und darüber hinaus
- Neue Formen von Legitimität

Reimut Zohlnhöfer: Globalisierung der Wirtschaft und nationalstaatliche Anpassungsreaktionen
- Großer Wandel vor allem bei globalisierten Kapitalmärkte seit 70er Jahren
Thesen:
- Sowieso schon begrenzte Fähigkeit von Regierungen, Wirtschaft gezielt zu steuern, ist geschrumpft → Veränderungen haben zu Handlungszwängen für nationalstaatliche Wirt-

schaftspolitik geführt → Reaktion ist Deregulierung und Senkung der Steuer- und Abgabenbelastung
- Auch sozialen Sicherungssysteme gerieten zunehmend unter Druck, da ihre Finanzierung nicht mehr sichergestellt werden könne
- Nationale Regulierungen (Kündigungsschutz, betriebliche Mitbestimmung etc.) müssten abgebaut werden, soweit sie bei Unternehmen Kosten verursachen, die in anderen Ländern nicht anfallen
- Aber: Nicht sicher, dass Zusammenhänge zwischen Globalisierung und staatlicher Handlungsfähigkeit in der Realität wie postuliert bestehen
- Außerdem sind die verschiedenen Länder aufgrund ihrer unterschiedlichen wirtschaftlichen und institutionellen Strukturen keineswegs in gleicher Weise verletzlich
- Weder »race to the bottom « noch eine eindeutige Konvergenz zwischen den reichen OECD-Ländern ist feststellbar
- Theoretisches Defizit, weil selten klar wird, über welchen kausalen Mechanismus die vermeintlichen Globalisierungszwänge in nationalstaatliche Politik umgesetzt werden

Aktuelle Debatte
- Internationales System und internationale Ökonomie beeinflussen die nationalstaatliche Politik, aber sie determinieren sie nicht
- Cameron (1978): Wirtschaftlich offene Volkswirtschaften besitzen größeren öffentlichen Sektor als geschlossenere Ökonomien
- Katzenstein (1985): Kleine Länder haben institutionelle Mechanismen gebildet, die den Konsens erzeugten, der für die Akzeptanz ständigen ökonomischen Wandels unabdingbar sei → Vorteil
- Problem: Politischer Prozess, der zu solchen Anpassungsreaktionen führt, ist weitgehend vernachlässigt worden

Ein Modell politischer Willensbildung
Vetospieler und Willensbildung
- Wenn Anpassung der Policies an Herausforderungen der Globalisierung erfolgen soll, müssen alle Vetospieler im jeweiligen politischen System zustimmen
- Institutionelle Vetospieler: Institutionen, deren Vetorechte in der Verfassung festgeschrieben sind (Parlamentskammern)
- Parteiliche Vetospieler: Jede Koalitionspartei ist einzelner Vetospieler, da jede einzelne Koalitionspartei einer Veränderung des Status quo zustimmen muss
- Möglichkeit einer Änderung des Status quo hängt von drei Eigenschaften ab:
  o Zahl der Vetospieler → Mit zunehmender Zahl von Vetospielern wird Veränderung des Status quo schwieriger
  o Kongruenz (Nähe/Distanz der Parteien) → Je mehr voneinander entfernt, desto schwieriger ist Veränderung
  o Kohäsion → Mit zunehmender Kohäsion wird es schwieriger, sich vom Status quo zu entfernen
- Vetospieler können auch strategische Interessen verfolgen → Verhindern Einigung, die aufgrund der Policy-Positionen eigentlich möglich wäre
- Kooperative Vetospieler (Koalitionspartner) sind prinzipiell an einer Einigung interessiert, sie verhalten sich Policy-orientiert
- Kompetitive Vetospieler (oppositionelle Mehrheit) machen Zustimmung zu einer Änderung des Status quo zwar auch von inhaltlichen Erwägungen ab, wichtig ist aber auch strategische Orientierung entsprechend der Parteiinteressen

Präferenzen der Vetospieler I: Parteiendifferenzen
- Wirtschaftspolitische Interessen werden durch politische Parteien vertreten → Kommt eine Partei an die Regierung, so wird sie eine Politik durchsetzen, die den Interessen ihrer Klientel entspricht

- Aber: Ist überholt, dass bestimmte Schichten oder Klassen klar voneinander abgrenzbare wirtschaftspolitische Interessen haben, die dazu führten, dass sie mehr oder minder geschlossen »ihre« Klassenpartei wählten
- Heterogene Zusammensetzung der Wählerschaft: Parteien müssen bemüht sein, die wirtschaftspolitischen Interessen aller ihrer Wählergruppen mehr oder weniger gleichmäßig zu berücksichtigen
- Hier wird davon ausgegangen, dass Mitglieder einer Partei bestimmte grundlegende Wertvorstellungen teilen → Parteiprogramme kommen dadurch zustande, dass Parteien unterschiedliche Wertvorstellungen vertreten → Also sind es nicht unterschiedliche Interessen ihrer Wähler, sondern unterschiedliche Ideen die Parteienunterschiede hervorbringen

Wettbewerb um Wählerstimmen
- Je größer Bedeutung eines Themas für die Wähler ist, desto stärker wirkt der Wettbewerb um Wählerstimmen auf die Entscheidungsfindung der (Regierungs-)Parteien
- Parteien verhalten sich durchaus Policy-orientiert → Politik einer Regierung wird sich nicht auf Reformen beschränken
- Daher werden an Wiederwahl interessierte Regierungsparteien versuchen, zunächst nur mäßige Veränderungen durchzusetzen, da solche inkrementellen Reformen für Wahlentscheidung der Bürger nicht bestimmend sein dürften und von ihnen keine negativen Wirkungen im Wettbewerb um Wählerstimmen befürchtet werden müssen
- Partei muss unpopuläre Reformen dann auch allein vor der Wählerschaft verantworten
- Bei Politiken, die in der Wählerschaft nicht beliebt sind, könnte dies Bereitschaft der Regierungspartei erheblich schmälern, solche Reformen in Angriff zu nehmen, während ein System mit vielen Vetospielern die Möglichkeit bietet, Verantwortung für unpopuläre Reformen zwischen den Vetospielern zu verteilen
- Also kein linearer Effekt von Vetospielern: In Systemen mit vielen Vetospielern dürften Reformen weniger elektorale Gefahren für die Regierungsparteien mit sich bringen – allerdings zu dem Preis, dass kaum sehr weitreichende oder einseitige Maßnahmen verabschiedet werden können
- In Systemen mit wenigen Vetospielern können Reformen zwar leichter und in größerem Umfang durchgesetzt werden, beinhalten für den Reformer aber ein höheres elektorales Risiko
- Lösung: Regierung muss Bevölkerung von Notwendigkeit einer Reform überzeugen und deutlich machen, dass die Reform normativ angemessen ist, also zu den sozialen Werten der Wählermehrheit passt → Keine elektorale Strafe

Zusammenfassung des Modells
- Veränderung des Status quo wird umso wahrscheinlicher, je weniger Vetospieler beteiligt sind, je näher deren Positionen beieinander liegen und je weniger kohäsiv die Vetospieler intern sind (wenn sie intern mit Mehrheit entscheiden)
- In diesem Modell sind Verbände in normalen Willensbildungsprozessen dagegen keine Vetospieler → Ist zu untersuchen, wie es ihnen gelingt, ihre Positionen durchzusetzen, obwohl sie eben kein formales Vetorecht besitzen
- Verschiedene Wege: Verbände können durch Drohung einer mehr oder weniger direkten Beeinflussung des Wahlverhaltens der Verbandsmitglieder oder durch medienwirksame Protestaktionen auf Reformen reagieren
- Gewerkschaften und Unternehmen können willentlich oder unwillentlich zu Verschlechterung der wirtschaftlichen Performanz beitragen
- Regierungen könnten versuchen, Verbände in korporatistische Arrangements einzubinden, die für beide Seiten vorteilhaft sind
- Einfluss der Verbände wird über Verhalten von Vetospielern und nicht unmittelbar wirksam

Globalisierungsherausforderungen und Willensbildung
- Globalisierung verändert Kosten-Nutzen-Relationen bestimmter Politikinstrumente → Führt zu Verschlechterung der wirtschaftspolitischen Performanz, wenn an wirtschaftspolitischen Instrumenten festgehalten wird, die der Logik internationalisierter Märkte widersprechen (keine Anpassungsreaktionen)
- Deregulierungsfreudige konservative Regierungen könnten Globalisierung im Sinne einer Strategie der blame avoidance nutzen, Reformen zu verabschieden, die sie schon vorher für wünschenswert, aber gegen Wählerwiderstand für nicht durchsetzbar hielten
- Wenn programmatische Ziele nicht mehr mit herkömmlichen Instrumenten zu erreichen sind, muss Modifikation der Instrumente stattfinden (wenn Partei Zusammenhang zwischen den veränderten Rahmenbedingungen und Verschlechterung der wirtschaftspolitischen Performanz sieht)
- Drei parteipolitische Hypothesen über nationalstaatliche Anpassungsreaktionen an die Globalisierung:
(1) Anpassungsreaktionen sozialdemokratischer Parteien werden später erfolgen und moderater ausfallen als bei bürgerlichen, liberalen und konservativen Parteien.
(2) Sozialdemokratische Parteien werden Anpassungsreaktionen erst durchsetzen, wenn die Erreichung zentraler programmatischer Ziele erheblich gefährdet ist oder diese bereits verletzt werden.
(3) Sozialdemokratische Parteien werden versuchen, andere Anpassungspfade zu beschreiten als bürgerliche Parteien

- Auch im Zeitalter der Globalisierung wirkt Logik des Wettbewerbs um Wählerstimmen, dem sich die Parteien nicht entziehen können
- Vom Wettbewerb um Wählerstimmen gehen Anreize aus, nur Reformen durchzusetzen, die die Regierungspartei(en) an der Wahlurne nicht belasten → Parteien halten sich zunächst bedeckt, um Wahlchancen nicht zu verschlechtern
- Folge: Auch für Adaption an Globalisierung sind zunächst nur moderate Reformen zu erwarten
- Größere, unpopuläre Reformen kommen nur dann vor, wenn Regierung sich mit wirtschafts- und beschäftigungspolitischen Problemen konfrontiert sieht, die mit moderaten Reformen nicht mehr bewältigt werden können
- Hier entscheidet Darstellung der Notwendigkeit einer Reform und ihre Einbindung in die zentralen politischen Werte der Bevölkerung, über Erfolg potenziell unpopulärer Reformen
- Parteien und Regierungen können politische Diskurse dahingehend beeinflussen, dass Reformen doch als mit den dominierenden Wertvorstellungen vereinbar betrachtet werden
- Hypothesen über nationalstaatliche Anpassungsreaktionen an die Globalisierung:
(4) Weit reichende Reformen werden wahrscheinlicher, wenn sich die ökonomische Performanz so weit verschlechtert, dass sie die Wiederwahl der Regierungsparteien gefährdet, und diese die Reformen als sinnvolle Reaktion auf die ökonomischen Probleme ansehen
(5) Konfigurationen des Parteienwettbewerbs beeinflussen Bereitschaft von Regierungsparteien, weit reichende Anpassungsreformen durchzusetzen
(6) Parteien werden bei unpopulären Entscheidungen versuchen, elektorale Bestrafung durch die Wähler zu vermeiden → Auf soziale Pakte oder Einbindung der Opposition zurückzugreifen
(7) Mit zunehmender Zahl und abnehmender Kongruenz der Vetospieler nimmt Reichweite der Anpassungsreformen ab
(8) Wenn kompetitive Vetospieler existieren, kommen Anpassungsreaktionen nur zustande, wenn diese inhaltlich von beiden Seiten tragbar sind und keine Seite sich elektorale Vorteile aus einer Blockade versprechen kann

Ergebnis
- Maßnahmen, die für wirksame Anpassungen an wirtschaftliche Globalisierung dienen, haben zwei Besonderheiten:
  - o Sind bei Wählern unbeliebt
  - o Sind eher mit Programmatik bürgerlicher Parteien als mit der sozialdemokratischer Parteien kompatibel → Letztere werden nur Anpassungsmaßnahmen vornehmen, wenn zentrale programmatische Ziele verletzt werden
- Kommt zu umfassenden Reformen im Sinne einer Anpassung an weltwirtschaftlichen Herausforderungen unter den Bedingungen des Wettbewerbs um Wählerstimmen nur, wenn
  - o deutliche Verschlechterung der ökonomischen Performanz eintritt,
  - o diese von Akteuren mit Fehlen von Anpassungsleistungen an die Globalisierung in Verbindung gebracht wird
  - o und sie zentrale elektorale oder programmatische Ziele in Gefahr bringt oder bereits erheblich verletzt
- Aber selbst wenn Globalisierung zu Annäherung der Policy-Positionen der Vetospieler führen sollte (Kongruenz also steigt), können Reformen noch an Vetospielern scheitern, wenn diese sich kompetitiv verhalten
- Gerade wenn Ausbleiben von Anpassungsreaktionen zu Verschlechterung der wirtschaftspolitischen Performanz zu führen scheint und diese die elektoralen Aussichten der Regierungsparteien verschlechtert, besteht für kompetitive Vetospieler ein Anreiz zur Blockade
- Anpassungsgeschwindigkeit entscheidet sich in Abhängigkeit vom Parteienwettbewerb und der Vetospielerkonstellation

Annette Töller: Voluntary Approaches to Regulation (VAR)
- Freiwillige Regulierung ist kein neues Phänomen, gibt es schon seit 60er Jahren
- Formen von freiwilliger Regulierung:
  - o Agreement: Wirtschaft und Staaten verständigen sich auf Regeln
  - o Programme: Meist alleine von Staaten initiiert
  - o Zertifizierung: Zertifizierung wird von nicht-staatlichen Organisationen überwacht
  - o Standards: Meist von Standardisierungsorganisationen ausgearbeitet
- Freiwillige Regulierung vor allem im Umweltbereich (zB Tropenholz)
- Beteiligte Akteure: Staatliche und wirtschaftliche Akteure und NGOs (spielen meist indirekte Rolle indem sie Missstände öffentlich machen)
- Staaten können „Schatten der Hierarchie" darstellen, Regulierungsvorgaben machen oder Programme entwickeln an denen sich Unternehmen beteiligen können
- Zwei Formen von freiwilliger Regulierung:
  - o Individuelle Programme sind für Verwendung in bestimmten Unternehmen konzipiert
  - o Kollektive Programme sind von Staaten entwickelt und werden in Unternehmen angewendet

Unterschiede zwischen freiwilliger und obligatorischer Regulierung
- Existenz von freiwilliger Regulierung ist abhängig von dem Schatten des Marktes oder dem Schatten der Hierarchie → Obligatorischer Regulierung, die in Kraft tritt wenn keine freiwillige Regulierung stattfindet
- Besonders auf internationaler Ebene kann das Einführen von freiwilliger Regulierung auch als zweitbeste Lösung fungieren und damit als Misserfolg der Regierungen gewertet werden
- Auf EU-Ebene sind viele freiwillige Regulierungsformen durch bindende Vorgaben ersetzt worden (zB Chemie)
- Freiwillige und obligatorische Regulierungsformen werden oft kombiniert zB indem Unternehmen von obligatorischer Regulierung befreit werden, wenn sie freiwilliger Regulierung zustimmen oder komplementär → Atomkraftwerke in Deutschland: Limit bestehen-

der Atomkraftwerke besteht auf freiwilliger Basis, wenn neue gebaut werden, bekommen diese zwingende Vorgaben

Gründe
- Globalisierung hat Ungleichheit der Macht zwischen gesellschaftlichen und privaten Interessen verstärkt → Unternehmen haben stärkere Position bekommen weil sie durch globalisierte Verhältnisse wirkungsvoll mit Fortgang drohen können und so regulative Macht der Staaten eindämmen
- Freiwillige Regulierung dient auch Interessen von Unternehmen → „Greenwashing" → Können ihren Machenschaften ein ökologisches/sozial verträgliches Image verpassen
- Schatten der Hierarchie kann nur Wirkung entfalten wenn hinter ihm ein starker Staat steht
- Schatten des Marktes ist nur für Unternehmen relevant, die weltweit agieren und zB globale Marken produzieren

Auswirkungen
- Freiwillige Regulierung muss misslingen weil ihr starke Sanktionsmechanismen fehlen
- Provoziert „Trittbrettfahrer": Unternehmen können von freiwilliger Regulierung profitieren, ob sie daran teilnehmen oder nicht
- Ob freiwillige Regulierung gelingt hängt maßgeblich von Strukturen ab:
  - o Ob Ziele eindeutig und transparent formuliert wurden
  - o Ob die Implementierung klar definiert wurde
  - o Ob ein Überwachungssystem installiert wurde
- Vorteile für Unternehmen: Besseres Image bei Kunden, Investoren, Geschäftspartnern → Aber muss nicht unbedingt damit zusammenhängen, wie sehr sich Firmen an vereinbarte Ziele halten (Greenwashing)
- Vorteile für Umwelt: Freiwillige Regulierung erhöht das öffentliche Interesse zB für Umweltprobleme (FSC) → Aber wenn freiwillige Regulierung eingeführt wurde kann bei Bevölkerung Eindruck entstehen, dass Problem erfolgreich bekämpft wurde obwohl es vielleicht nicht der Fall ist (zB Holzzertifizierung)
- Nachteil: Zu viele Formen der freiwilligen Regulierung (Zertifikate,…) können auch für Verwirrung sorgen → Freiwillige Systeme tendieren dazu, Probleme nur oberflächlich zu lösen → PR-Instrumente

David Levi-Faur: The Global Diffusion of Regulatory Capitalism
- Ein Wandel in der Steuerung von kapitalistischen Wirtschaftssystemen funktioniert am besten bei folgenden Bedingungen:
  - o Neue Arbeitsteilung zwischen Staat und Gesellschaft
  - o Steigerung von Delegation von staatlichen Aufgaben
  - o Ausweitung von neuen Technologien der Regulierung
  - o Formalisierung von institutionellen Arrangements von Regulierung
  - o Mehr Experteneinfluss
- Steuerung/Regulierung befindet sich im Anstieg

Jason Sorens: The failure to converge: Why globalization doesn't cause deregulation
- Misserfolg des sich Annäherns: Warum Globalisierung keine De-Regulierung/Marktöffnung erzeugt
- These: Globalisierung führt zu einem Abbau wohlfahrtsstaatlicher Programme, reduziert Kapital und Steuern und verringert die staatliche Regulierung
- Staaten haben Regulierungen ohne Rücksicht auf soziale Aspekte oder Marktdruck entwickelt

Michael Haus: Governance-Rhetorik und Institutionenpolitik
- In Governance-Diskussion sind politisierende und depolitisierende Aspekte angelegt → Um Demokratietheorie von Governance zu entwickeln, müssen beide genauer definiert werden
- Politisierung: Umdeutung von Fragen betrachtet werden, durch die Akteure ihre Macht-position verbessern und das Spielfeld des „Politikmachens" ausweiten, indem neue Fra-gen auf der Agenda stehen, ohne dass alte gestrichen werden → Zunahme ministerieller Handlungsbereiche
- Politische Logik von Governance liegt gerade in ihrer Depolitisierung → Regierende Eli-ten und NGOs sind sich einig
- Governance-Forschung weist eine Reihe von Koordinationsformen auf (Wettbewerb, Hierarchie, Netzwerke) aus und will analysieren, wie eine institutionalisierte Mischung dieser Formen zu Mechanismen der Handlungskoordinierung führt
- In Governance-Debatte wird zunehmend erkannt, dass Governance nicht nur etwas mit Herausbildung von politischen Mehrebenensystemen zu tun hat, sondern die Herausfor-derungen der Institutionenpolitik selbst eine konzeptionelle Ebenendifferenzierung mit sich bringt
- Metagovernance:
  - o Erste Ebene: Akteure sind am Prozess der Problemlösung und an der Schaffung kollektiver Handlungsfähigkeit beteiligt
  - o Zweite Ebene: Aufbau von Institutionen als Rahmen, in dem Problemlösung statt-finden kann
  - o Dritte Ebene: Übergreifende Kohärenz institutioneller Formen und der in ihne ab-laufenden Problemlösungspraktiken
- Alle Ebenen verweisen aufeinander
- In demokratischen Systemen regulieren Institutionen Konflikte dadurch, dass sie allseiti-ge Gewinne in Aussicht stellen (Ausgleich von Kapital und Arbeit durch korporatistische Lohnverhandlungen)
- Effektiver institutioneller Wandel erfordert Einbettung von Normen, Anreizen und Sankti-onen
- Unterschiedliche Institutionenverständnisse stehen nebeneinander, neue Leitbilder von Staatlichkeit richten sich auf die Erweiterung politischer Handlungsspielräume bei der Gestaltung institutioneller Reformen

Paul Pierson: Coping with permanent austerity: Welfare state restructing in affluent democracies (Permanente Sparzwänge bewältigen: Abbau des Wohlfahrtsstaats in reichen Demokratien)
- Wohlfahrtsstaat steht im Mittelpunkt von Befürwortern und Gegner des Nachkriegswohl-fahrtstaats
- Zentrales Argument ist, dass Sozialpolitik sich vor Hintergrund einer sich wandelnden globalen Marktwirtschaft um entscheidende Grundelemente beschnitten wurde und so die Basis des Wohlfahrtsstaats gefährdet ist
- Aber: Es sind nicht unbedingt globale und ökonomische Veränderungen, die den Wohl-fahrtsstaat unter Druck setzen, sondern eher soziale und ökonomische Veränderungen die in westlichen Wohlfahrtsstaaten eintreten und den Druck erhöhen
- Außerdem bleibt gesellschaftliche Unterstützung für Wohlfahrtsstaat weitverbreitet
- Aber trotzdem sind in einigen Ländern Anzeichen erkennbar, dass sich Wohlfahrtsstaat teilweise in neo-liberale Richtung entwickelt
- Auch Befürworter erkennen, dass sich Wohlfahrtsstaat an neue Gegebenheiten anpas-sen muss und Kritiker müssen feststellen, dass Wohlfahrtsstaat trotzdem kontinuierlich große Unterstützung widerfährt → Wohlfahrtsstaat wird eher umgebaut und modernisiert als vollständig abgerissen
- Zentrale Frage ist, inwiefern nationale Strukturen die Modernisierung zulassen

James Allan/Lyle Scruggs: Political Partisanship and Welfare state reform in advanced industrial societies (Parteilichkeit und Reformen des Wohlfahrtsstaats in Industrieländern)

- Studienergebnisse: Wohlfahrtsstaaten haben sich als sehr belastbar in Bezug auf Einsparungen erwiesen, Parteilichkeit spielt keine entscheidende Rolle mehr bei deren Entwicklung
- Aber Parteilichkeit hat trotzdem noch bedeutenden Einfluss auf Wohlfahrtsstaat in Zeiten der Einsparungen

Martin Seeleib-Kaiser: Wohlfahrtsstaatentransformationen in vergleichender Perspektive: Grenzverschiebungen zwischen „öffentlich" und „privat"

- Früher wurde direkte Einbringung sozialpolitischer Leistungen und sozialer Dienste durch Staat als zentrales Instrument zur Erzielung sozialer Staatsbürgerschaft, sozialer Integration und Armutsbekämpfung betrachtet
- Seit 80er Jahren wird größere Aufmerksamkeit auf private Arrangements gelegt -→ Grund: Globalisierung, Alterung der Gesellschaft, Individualisierung
- Private Lösungen erzielen zudem beste ökonomische Ergebnisse
- Offen, ob es zu zunehmender Privatisierung sozialer Risiken gekommen ist die zu einer Transformation von Wohlfahrtsstaatlichkeit geführt hat (keine Studien)
- Bisher waren in Wohlfahrtsstaatsforschung Pfadabhängigkeit und Inkrementalismus kennzeichnend für wohlfahrtsstaatliche Entwicklung
- Esping-Andersen: Messung wohlfahrtsstaatlicher Veränderung an drei Konzepten: Ausgabenkürzung, Re-Kommodifizierung (mehr Marktabhängigkeit), Rekalibrierung)
- Entwicklung Sozialleistungsquote: Keine Abnahme öffentlichen Finanzierungsaufwands, sondern Konvergenz → In Ländern die eher restriktive Ansätze verfolgten, wurden Ausgaben ausgeweitet
- Insgesamt keine weitreichenden sozialpolitischen Einschnitte
- Ausmaß von Armut: Keine signifikanten Änderungen aber auch Konvergenz (Schweden und Portugal nähern sich an)
- Ergebnis: Nicht gerechtfertigt, von allgemeiner Transformation des Sozialstaats in Richtung einer Privatisierung sozialer Risiken zu sprechen, sondern Ausbau der Sozialleistungsquote
- Aktivierung: Beschäftigungsanteil erhöhen, Sozialleistungen verringern (Re-Kommodifizierung, Abhängigkeit vom Markteinkommen stärken)
- Seit 80er Jahren leichte Abnahme des Arbeitnehmerschutzes in OECD-Ländern → Privatisierung bei Ausgestaltung von Beschäftigungsverhältnissen
- Rekalibrierung: Ausbau regulativer Maßnahmen stellt signifikanten Ausbau staatlicher Intervention dar, die aber weitgehend auf Erbringung der Leistungen durch private Akteure angewiesen sind
- Privatisierung der Leistungserbringung bei gleichzeitig strikter staatlicher Regulierung und Beibehaltung der Finanzierung dient der besseren medizinischen Versorgung und kann nicht als Aufgabe staatlicher Verantwortung betrachtet werden → Entwicklung macht Schwierigkeit deutlich, öffentliche und private Arrangements zu trennen
- Grundsätzlich können steuerliche Instrumente auch zur Reduzierung der Armut beitragen
- USA und Großbritannien setzen bei Aktivierungspolitik seit 90er Jahren verstärkt auf steuerliche Anreize für Geringverdiener
- Historisch war Wohlfahrtsstaat nicht dafür konzipiert, soziale Ungleichheit auszugleichen sondern um gegen verschiedene soziale Risiken abzusichern
- Analyse der Netto-Sozialleistungsquoten zeigt, dass größeres Ausmaß an privaten sozialpolitischen Arrangements nicht unbedingt kostengünstiger ist als eine durch den Staat erbrachte Leistung
- Öffentliche Dienstleistungen sind nicht unbedingt vergleichbar mit staatlichen Dienstleistungen und können ohne weiteres von privaten Akteuren erbracht werden

- Wohlfahrtssystem: Summe aller sozialpolitischen Arrangements zur Absicherung kollektiver Risiken → Zustand erreichen, in dem sich individueller und gemeiner Nutzen gegenseitig verstärken
- Gleichzeitig müssen Arrangements großes Maß an Erwartungssicherheit aufweisen → von ökonomischen Schwankungen relativ unabhängige Absicherung sozialer Risiken
- Identifizierung von Grenzverschiebungen zwischen öffentlich und privat kann von Betrachtung des jeweiligen Interaktionsmodus abhängen → ZB können Regierungen parallel zur Reduzierung staatlicher Leistungserbringung verpflichtende private Arrangements vorschreiben oder die Erbringung auf einen privaten Akteur auslagern, der wiederrum einem strikten öffentlichen Regulierungsarrangement unterliegt

Das dänische Wohlfahrtssystem
- Entwicklung: Leistungen von Arbeitslosen gekürzt und private Arrangements im Bereich der Alterssicherung ausgebaut → Aber Leistungen für Arbeitslose mit geringem Einkommen wurde nicht nennenswert gekürzt
- Institutionelle Veränderungen geschahen weitgehend ohne staatlichen Eingriff
- Bei Gesundheitsversorgung und Altenpflege kam es ebenfalls zur teilweisen Privatisierung der Leistungserbringung ohne jedoch universalen Leistungsanspruch der Bürger zu untergraben
- Private Formen der Leistungserbringung unterliegen weitreichenden staatlichen Regulierungen und sind vom Staat finanziert
- Folge: Kein Rückzug des Staates aus seiner sozialpolitischen Verantwortung

Das britische Wohlfahrtssystem
- PPP: Instrumentarium erlaubt es Staat, Krankenhausausbau voranzutreiben ohne dabei die gegenwärtigen Kosten über Staatsdefizite oder Steuererhöhungen finanzieren zu müssen → gleichzeitig wurde Wettbewerb privater Anbieter von Gesundheitsdienstleistungen mit staatlichem Gesundheitssystem (NHS) ausgeweitet
- Ergebnis: Effektivere Leistungserbringung für Patienten (kürzere Wartezeiten)
- Armutsreduzierung: Einführung und Ausweitung von Steuergutschriften für Kinder arbeitender Eltern sowie Rentnern mit niedrigem Einkommen
- Verpflichtende private Altersversicherung für Bürger ohne betriebliche Absicherung
- Ergebnis: Staat hat Privatisierung sozialer Risiken nicht weiter vorangetrieben, sondern Wohlfahrtsstaat institutionell in wichtigen Bereichen umgebaut
- Setzt zwar verstärkt auf Marktmechanismen und private Arrangements ohne jedoch die soziale Absicherung weiter einzuschränken → sogar Ausbau des Wohlfahrtsstaats

Philipp Genschel/Susanne Uhl: Der Steuerstaat und die Globalisierung
- Der moderne Staat ist ein »Steuerstaat« → souverän, weil und insofern er über Steueraufkommen verfügt
- Geschichte der öffentlichen Finanzen ist Geschichte der Krise: Krise ist Normalzustand, Überschüsse selten
- 90er Jahre: Globalisierung soll große Schuld am schlechten Zustand der Staatsfinanzen haben → Untergrabe staatliche Fähigkeit, Steuerzahlungen zu erzwingen, weil Flucht ins Ausland droht (Freiheitsgrade nationaler Steuerautonomie nehmen ab, Steuerstaat wird geschwächt
- Historisch: Steuern wurden eingeführt, als nationale Märkte voneinander abgegrenzt waren → Steuerpolitik ausschließlich nationale Angelegenheit
- Steuersysteme von Land zu Land sehr unterschiedlich: Manche nur indirekte Steuern (Umsatz- und Verbrauchersteuern) andere direkte Steuern (Einkommens- und Körperschaftssteuern)

Probleme der Globalisierung
- Wettbewerbsfähigkeit der Unternehmen: Wenn sie national größere Steuerlast tragen müssen, sind sie vor ausländischen Konkurrenten benachteiligt

- Internationale Steuervermeidung: Liberalisierung der Märkte führt zu Off-shore-Märkten (internationale Finanzplätze, an denen Einlagen- und Kreditgeschäfte in Fremdwährungen getätigt werden können) und Ausbreitung multinationaler Unternehmen
- Zwei Probleme: Internationale Steuerflucht (Hinterziehung) und internationale Steuerplanung (legale Steuerverkürzung durch Nutzung von Gesetzeslücken, besonders bei multinationalen Konzernen)
- Transnationalisierung der Bemessungsgrundlagen: Territoriale Zuordnung von Steuern wird schwierig (Internet, globale Konzerne) → Diskrepanz zwischen rechtlicher und organisatorischer Struktur
- Folge: Gewinne werden zu Tochterunternehmen in Niedrigsteuerländern geschoben (legal) → Nationale Zurechnung steuerpflichtiger Gewinne wird schwierig
- Problem Internethandel: Gibt keine Betriebsstätte → Lösung: Ort an dem Server steht
- Steuerwettbewerb: Niedrige Steuern im Ausland verursachen Abwanderung von Unternehmen (Steuerverlust)
- Strategische Möglichkeiten gerade für kleine Länder: Können vom Steuerwettbewerb profitieren wenn sie niedrige Steuersätze anbieten und so Investitionen ins Land holen

Problemlösungsstrategien
- Steuerstaat scheint mit Herausforderungen der Globalisierung bisher gut zurecht zu kommen
- Gesamtsteuereinnahmen der EU-Staaten bleiben seit 80er Jahren bei 40% des BIP → Verglichen zu früher viel
- Regierungen versuchen vielmehr, Steuersysteme mit aufkommensneutralen Mitteln globalisierungsfest zu machen

Außensteuerrecht
- Seit 60er Jahren Anstrengungen um internationale Steuervermeidung einzudämmen → Besonders Steuervorteile von internationalen Unternehmen
- Problem ist hohe Komplexität von außensteuerrechtlichen Maßnahmen → Führt zu rechtlichen Unsicherheiten und erheblichen Kosten für Steuerzahler und Steuerbehörden
- Gefahr: Je besser Außensteuerrecht Gewinnverschiebung über Grenze verhindert, desto größer ist Gefahr, dass ganze Produktion ins Ausland verlagert wird
- Steuerflucht von Privatpersonen: Schwierig dagegen vorzugehen, aber Initiativen einiger Länder erzeugten öffentlichkeitswirksam Abschreckungswirkung

Internationale Kooperation
- Bisher in Steuerpolitik kein multilaterales Steuerregime
- Durch Globalisierung stieg Zahl der Steuerabkommen zwischen OECD-Ländern → Zeigt großes Bedürfnis nach internationaler steuerpolitischer Koordination
- EU-Richtlinie zur Zinsbesteuerung zielt auf automatischen Informationsaustausch zwischen Mitgliedstaaten → Spielraum zur internationalen Steuerhinterziehung wird damit eingeschränkt

Steuerreformen
- Steuerreformen wichtigste Antwort auf Globalisierung
- Fast alle OECD-Länder haben seit 80er Jahren Steuersysteme umgebaut um sie wettbewerbsfähiger und globalisierungstauglicher zu machen
- Sichtbarster Ausdruck in Senkung der Unternehmenssteuer
- Unternehmens- und Einkommenssteuer sind eng miteinander verknüpft weil sie auf gleiche Quelle (Einkommen) zurückgreifen → Unterschied nur in Rechtsform des Empfängers
- Bei unterschiedlich hoher Besteuerung entstehen Anreize, die vorteilhaftere Rechtsform zu wählen → Folge ist Angleichung der Steuersätze

Transformation des Steuerstaats
- Staat ist durch Globalisierung nicht untergegangen → Globalisierung ändert kaum etwas an Geschäftsgrundlagen
- Globalisierung transformiert den Staat, beseitigt ihn aber nicht
- Globalisierung hat Steuern nichts von ihrer fiskalischen Bedeutung genommen (immer noch staatliche Haupteinnahmequelle)
- Globalisierung hat Nationalstaat als zentrale Besteuerungsinstanz nicht in Frage gestellt
- Globalisierung hat Fähigkeit der Nationalstaaten, Steuereinnahmen zu erzielen, nicht grundsätzlich untergraben
- Aber trotzdem Herausforderung: Durch immer stärkere Verflechtungen der nationalen Ökonomien nehmen Wechselwirkungen zwischen den nationalen Steuerpolitiken zu
- Globalisierung bewirkte durchaus relevante Veränderungen des Steuerstaats im Sinne der Verkleinerung staatlicher Handlungsfähigkeit
- Wichtigste Folge der Globalisierung für Steuerstaat: Freiheit der Nationalstaaten, sich unabhängig von anderen Steuerstaaten zu wandeln, wurde eingeschränkt
- Status quo des Steuerstaats ist nicht grundsätzlich bedroht, aber alle Regierungen tun sich schwer daran, diesen Status quo autonom zu verändern

Wolfgang Streek/Daniel Mertens: Politik im Defizit: Austerität (Sparsamkeit) als fiskal-politisches Regime
- Nachkriegsjahrzehnte: Ansicht, dass Finanzierung von kontinuierlich wachsenden Staatsaufgaben stellt kein Problem dar, auch dann nicht, wenn sie mit Haushaltsdefizit einhergingen und nur durch staatliche Schuldenaufnahme gelöst werden können
- Überall wuchsen Staatsausgaben
- Mit Krisen der 60er/70e Jahre wurden Staatsdefizite chronisch und damit zu einer beherrschenden Rahmenbedingung wohlfahrtsstaatlicher Politik
- 80er Jahre: Wohlfahrtsstaat wurde langfristig seinen Mitteln beraubt, di er benötigt um Aufgabe und Zweck zu erfüllen

Austerität als Regime
- Anders als in den unmittelbaren Nachkriegsjahrzehnten stehen der Politik Ausgabensteigerung als Mittel zur Befriedigung gesellschaftlicher Ansprüche und Konflikte nicht mehr zur Verfügung
- Zugleich werden immer mehr erworbene Ansprüche der Beitragszahler gegenüber den nunmehr zur „Reife" gelangten sozialen Sicherungssystemen fällig6 und müssen als Leistungen ausgezahlt werden
- Beide Entwicklungen zusammen bewirken eine Dauerkrise der öffentlichen Finanzen
- Ständige Defizite wiederum und die regelmäßig notwendige neue Kreditaufnahme erhöhen die laufenden Aufwendungen des Staates für den Schuldendienst
- Stabilisiert wird das fiskalische Austeritätsregime ferner dadurch, dass in ihm die Sorge über die Finanzierung und Finanzierbarkeit des Staates als solche zum Gegenstand und tendenziell beherrschenden Thema des politischen Diskurses wird
- Austerität: Eine als Regime institutionalisierte fiskalpolitische Dauerkrise, die der Politik keine andere Wahl lässt als sie zu bekämpfen → Daueraufgabe
- Symptome: Stetig abnehmende Flexibilität der öffentlichen Finanzen, fortschreitende Verdrängung diskretionärer durch wachsende, in der Vergangenheit langfristig festgelegte Staatsausgaben bei stagnierenden Steuereinnahmen → Werden durch die vom fiskalischen Regime verlangten Konsolidierungsmaßnahmen nicht beseitigt, sondern verstärkt
- Folge: Teufelskreis, in dem schwindende Handlungsfähigkeit des Staates das Vertrauen der Gesellschaft in Politik und damit die wichtigste Voraussetzung für Wiederherstellung staatlicher Handlungsfähigkeit untergräbt

Deutschlands Weg zur Austernität
- Haushalt seit 70er Jahren ständig defizitär → Staatsverschuldung nimmt zu
- Revision des Wohlfahrtsstaats zu Beginn des 20. Jhd. Als Bekämpfung dauerhafter und wachsender Haushaltsdefizite
- Übergang zu fiskalischen Regime der Austerität und der mit ihm einhergehende Rückgang der politischen Handlungsfähigkeit vollzogen sich schleichend → Langfristige Trends
- Schulden werden weiter wachsen, auch nach Finanzkrise und trotz Schuldenbremse
- Folge: Staatsfinanzen und Haushalt werden zum Zentralthema
- Problem Demokratiedefizit: Austeritätsregime neutralisieren demokratischen Druck zur Erhöhung der Staatsausgaben dadurch, dass sie dem ebenfalls demokratischen Druck zur Begrenzung der Staatseinnahmen Vorrang einräumen → Staat auf gestaltende Politik, die ihre Legitimation aus der Befriedigung gesellschaftlicher Bedürfnisse nach öffentlichen Leistungen beziehen will, stützt sich das neue Regime auf Interessen, die für sich selber sorgen wollen und können
- Deutschland: Lösung der Fiskalkrise auf Einnahmeseite erfordert Pfadwechsel zu skandinavischem Steuerregime → Niedrige, international konkurrenzfähige Kapitalbesteuerung und hohe Einkommens- und Verbrauchersteuern
- Politik in Zeiten von Austerität verschiebt sich weg von Gesellschaftsgestaltung zur Verteidigung von Besitz → Für andere Interessen fehlt das Geld
- Haushaltsdefizit und Schuldenkrise wird Staat, Politik und soziale Demokratie auf Dauer als Problem statt als Lösung definieren

Matt Andrews: Goood Governance means different things in different countries
- Good Governance ist normatives Modell effektiver Regierungsführung
- Problem: Gibt kein universal einsetzbares Modell für alle Länder